알 수 없는 내일로
오늘을 산다

알 수 없는 내일로 오늘을 산다

발행일	2021년 8월 2일

지은이	김의순	도움	임춘식, 황준일
펴낸이	손형국		
펴낸곳	(주)북랩		
편집인	선일영	편집	정두철, 윤성아, 배진용, 김현아, 박준
디자인	이현수, 한수희, 김윤주, 허지혜	제작	박기성, 황동현, 구성우, 권태련
마케팅	김회란, 박진관		

출판등록   2004. 12. 1(제2012-000051호)
주소   서울특별시 금천구 가산디지털 1로 168, 우림라이온스밸리 B동 B113~114호, C동 B101호
홈페이지   www.book.co.kr
전화번호   (02)2026-5777   팩스   (02)2026-5747

ISBN   979-11-6539-907-8 03180 (종이책)   979-11-6539-908-5 05180 (전자책)

(주)북랩 성공출판의 파트너
북랩 홈페이지와 패밀리 사이트에서 다양한 출판 솔루션을 만나 보세요!
홈페이지 book.co.kr   •   **블로그** blog.naver.com/essaybook   •   **출판문의** book@book.co.kr

작가 연락처 문의 ▸ ask.book.co.kr
작가 연락처는 개인정보이므로 북랩에서 알려드릴 수 없습니다.

알 수 없는 내일로
오늘을 산다

김의순 지음

북랩 book Lab

안녕하세요, 대한약사회장 김대업입니다.

코로나19로 많은 국민이 우울과 소외로 힘들어하는 시기에 김의 순 저자의 『알 수 없는 내일로 오늘을 산다』라는 책을 접하고 마음 의 병으로 힘들어하는 많은 이들에게 위로와 용기가 되겠다 생각 합니다.

> "영원히 함께할 수 있는 사랑을 상대에게 원하기보다 세월이 흘러감
> 에 커가는 정다움도 사랑이라는 것을 이해하지 못한다면 서로의 무관심
> 과 심신의 피곤함으로 질병에 이르게 되고 사랑은 회복될 수 없다."

질병 치료에 약물도 중요하지만 가족과 사회 구성원의 관심과 사 랑이 소중하다는 것을 알게 합니다. 사랑과 관심을 통한 마음 치

료가 질병 치료의 기본이라는 저자의 시각에 깊이 공감합니다.

『알 수 없는 내일로 오늘을 산다』의 저자인 김의순 약사는 동두천시 약사회 회장으로 활동하면서 약사의 전문성 강화와 국민과 함께하는 약사를 지향하고 있습니다. 특히 10년째 OECD 자살률 1위인 자살공화국 대한민국에서 '자살예방사업'에 지대한 관심과 노력을 하고 계신 것에 대해 대한약사회장으로 깊은 감사의 마음을 전합니다.

코로나19로 인한 어려움을 사회의 구성원이 각자의 재능을 조금씩 내놓고 나누면서 함께 극복하기를 기원합니다.

대한약사회 회장 김대업

안녕하십니까, 국회의원 정성호입니다.

동두천시 약사회 김의순 회장의 『알 수 없는 내일로 오늘을 산다』 출간을 진심으로 축하드립니다.

김의순 회장은 저의 고등학교 후배이자 오랜 동지입니다. 김 회장은 동두천에 개업한 이래 지역사회 발전과 어려운 이웃을 위해 쉼 없는 봉사를 실천하여 왔습니다.

특히 동두천시 자살예방센터와 MOU를 체결하고, 환자분들을 마음으로 치유해주고자 만든 캐릭터는 일부 지자체와 약국의 자살예방 활동 마스코트로 사용되는 등 사회의 착한 변화를 이끌고 있습니다.

작년 기준 동두천시는 인구 10만 명당 자살사망자 수가 경기도 내에서 가장 높은 수준인데, 자살 예방을 위한 김 회장의 꾸준한 노력이 자살 감소에 좋은 영향을 미칠 것으로 기대됩니다. 이러한 김 회장의 봉사는 높이 평가될 만한 것으로 깊은 감사의 말씀도 전하고 싶습니다.

지역사회에 긍정적인 변화를 일으키는 김의순 회장의 의미있는 노력이 모여 『알 수 없는 내일로 오늘을 산다』 출간으로까지 이어진 것이라고 생각합니다.

우리 사회는 현재 유례 없는 코로나 팬데믹으로 평범한 일상이 사라지고, 경험해보지 못한 위기에 놓여 있습니다. 김의순 회장의 글 중에 '어떤 일을 하든 나만의 노력으로 모든 일을 하는 것이 아니다'라는 말이 있습니다. 이 말처럼 일상화된 코로나 어려움 속에서 우리 모두는 서로 의지하며 협력해야 위기를 이겨낼 수 있을 것입니다.

마스크를 쓰지 않는 활기찬 내일을 기대하며, 이 책이 코로나19로 힘들어하는 많은 이들에게 내일의 희망이 될 수 있기를 바랍니다.
감사합니다.

더불어민주당 국회의원 정성호

안녕하세요, 국회의원 김성원입니다.

최근 '코로나 블루' 라는 신조어가 언론에 자주 노출되고 있습니다. '코로나19'와 '우울감(blue)'이 합쳐진 단어로, 코로나의 확산으로 일상에 큰 변화가 닥치면서 생긴 우울감이나 무기력증을 뜻한다고 합니다.

미증유의 코로나 시대에서 일상으로의 회복이 쉽지 않습니다. 방역수칙 강화로 인한 경제적, 사회적 문제 등 일반적인 문제와 함께 비대면의 활성화로 개개인의 외로움과 소외감도 점점 커져가고 있습니다.

질서 있고 체계적인 코로나 출구전략이 필요한 상황이지만, 계속해서 생겨나는 변이 바이러스가 대유행을 만들어 내고 있습니다. 사회적 거리두기 방역 수칙 준수와 함께 우리의 심신을 잘 다스려야만 기나긴 코로나 위기를 이겨낼 수 있습니다.

추천사

이러한 점에서 김의순 약사의 저서 『알 수 없는 내일로 오늘을 산다』는 '코로나 블루'를 극복하기 위한 현대인의 지침서라고 생각합니다. 극복을 위해 부단히 노력하는 우리에게 심신의 안정과 건강하고 행복한 삶에 대한 인식의 전환을 어떻게 해야 하는지 길잡이가 되어주는 서적입니다.

이 책은 코로나라는 질병도 백신을 통한 치료도 중요하지만, 가족과 사회 구성원의 관심과 사랑이 소중하다는 것을 알려주고 있습니다. 결국 코로나 치료의 기본도 사랑과 관심을 통한 마음 치유가 아닐까 생각됩니다.

심신이 지치고 마음이 외롭다고 느낄 때, 정서 안정을 도와주는 책으로 적극 추천합니다. 언제나 생명의 소중함을 전달해 주시는 김의순 약사님께 깊은 감사의 말씀을 드립니다.

국민의 힘 국회의원 김성원

안녕하세요.

동두천시장 최용덕입니다.

코로나19 유행이 계속되면서 사회적 거리두기와 감염의 우려로 인하여 사람과 사람 사이의 거리가 멀어짐은 물론 마음의 거리 또한 멀리 있어, 누군가에게 말을 건다는 건 커다란 용기와 목숨을 거는 일과 같이 되었습니다. 이러한 시대에 "거리는 멀어져도 마음은 가까이"란 표어처럼 서로의 관심과 함께하는 일들은 건강한 사회를 구축하여 주는 등불과도 같은 것입니다.

지난 1년을 지나 2021년 7월 현재까지 오랜 기간 코로나19를 대응하면서, 감염병 대응은 온 국가가 나서 보건소는 물론 임시선별진료소까지 추가로 만들어 진단검사를 실시하고, 확진자로 나타나면 그날 즉시 생활치료센터나 격리병원으로 치료를 보내는 등 총력대응을 하는 데 반하여, 생명과 직결된 정신질환은 응급환자가 아니면 그저 남 일처럼 바라만 보는 건 아닌가 합니다.

우리는 종종 스스로 생을 마감하거나 일가족이 함께 사망했다는 안타까운 뉴스를 보면서, 자살에 도달한 사연은 모두들 다르겠지만, 막을 수 있는 죽음이라는 생각을 떨쳐버리기 힘듭니다. 2018년 대한신경정신 의학회 자료에 따르면 우리나라 국민 59.9%가 정신건강 문제를 경험한 적이 있다고 하는데, 내 이웃의 그들이 철저히 고립되고 절망했을 때, 따스한 손을 내밀어 줄 누군가가 있었다면 자살의 욕구에서 벗어나 다시 살아갈 희망을 가지지 않았을까 하는 생각을 가져봅니다.

정부에서도 생명의 문제는 국가가 지역사회와 함께할 때 해결 할 수 있는 문제라는 인식으로 지속적인 노력을 하고 있었으며, 특히 2018년 생명존중 문화 확산을 위하여 국정과제에 포함시켰음은 물론, 2019년에는 국무총리를 위원장으로 하는 '자살예방정책위원회'를 출범하여 관계부처 합동으로 건강한 사회 구현이라는 목표를 가지고 범정부적으로 총력 대응을 지속해 나가고 있습니다.

지금 우리는 한 번도 가보지 않았던 길을 헤쳐 나가고 있습니다.

코로나19가 우리의 건강은 물론 행복까지 송두리째 흔들고 있습니다. 생명의 문제에 있어서도 코로나19 대응과 같이 신속하게 병원 진단과 전문가의 도움이 이루어지기 바라며, 그 이전에 우리 지역, 우리 이웃의 생활 속에서 위험요소를 감지할 수 있는 체계와 관심을 가지고 "한 사람의 생명이 우리 모두의 생명입니다"라는 생각과 서로의 손을 꼭 잡고 함께한다면, 행복한 오늘 그리고 기다려지는 내일이 될 거라 믿습니다.

우리가 함께하면 극복하지 못할 일은 없다고 생각합니다. 지금의 코로나19 유행도 백신 예방접종과 거리 두기 등 개인 예방수칙을 준수한다면 빠른 시간 내 이겨낼 것이라 믿으며, 이 어려운 시대 뒤편에 가려진 생명존중 사상도 서로의 관심과 모든 이웃이 함께하면 이겨낼 수 있습니다.

지금까지 왜 이러한 책이 없었을까 하는 아쉬웠던 생각에 마주하게 된 아주 소중한 이 책은 혼신을 다하여 완성되었고, 이 시대에 꼭 필요한 저서로 우리 모두가 육체적이나 정신적으로 건강한 사회

구축에 꼭 필요한 것이라 생각하기에 사춘기 학생은 물론 모든 독자에게 기쁜 마음으로 이 책을 추천드립니다.

동두천시 시장 최용덕

저자는 약국 개설을 동두천시에 첫발을 디딜 때부터 30여 년 이상을 함께해 온 친구입니다. 시작 때부터 탁월한 아이디어와 다재다능한 능력을 발휘하였으며, 이번 저서에서 우울한 코로나19 시대의 문제점을 가장 기본적인 평범한 일상을 '함께'라는 단어로 승화시켜 희망의 날로 만들어주는 것에 감사드립니다.

동두천시 보건소장 이승찬

저자와 인연을 맺은 것은 동두천시 자살률을 낮추고자 동두천시 약사회 회장님으로서 업무협약을 하고 생명사랑약국을 운영해보고자 만났다.

처음 만나면서 감탄의 연속이었던 것은 자살예방 전문가들도 이론적으로 읊어왔던 자살에 대한 이유, 원인, 근본적인 문제에 대해 몸소 체험한 이야기를 들 수 있었다. 또한 이미 오래전부터 생명사랑에 대한 관심을 가지고 노력한 모습이 눈에 띄었고 이번 책도 이와 연결된 일환으로 출간되었다.

이 책은 인간이 살아가면서 놓치고 있는 가장 기본적인 것들을 일깨워주고 그런 것들의 균형이 깨졌을 때 스스로 자신을 힘들게 하면서 생명의 끈을 놓을 수 있다는 것을 인문학적으로 접근하였다. 또한 어떻게 하면 힘든 여정 속에서 벗어날 수 있는지를 제시하기도 하였다.

내가 외롭고 힘들다고 느낄 때 이 책은 자신에 대해 생각해 보고

희망의 불씨를 당길 수 있는 길을 선택하게 도와주는 책이기에 적극 추천한다.

다시 한번 동두천시 자살률을 낮추는 데 기여할 것을 기대해 본다. 감사합니다.

동두천시 정신건강복지센터 부설

동두천시 자살예방센터 부센터장 정혜선

한 설문조사에 따르면 극단적 선택을 결심한 사람에게 가장 혐오스러운 위로가 있다. 바로 '자살을 거꾸로 하면 살자! 죽을 용기로 살면 못 할 게 뭐가 있겠는가!'이다. 약사 출신 작가 김의순씨의 두 번째 저서 『알 수 없는 내일로 오늘을 산다』는 당신의 이야기를 함께 들어 주고 해결방안을 모색하자는 실증적 방법론을 제시하고 있다.

책 속에서 김 약사는 진로/금전/이성/가족/질병문제를 막론하고 혼자서 끙끙 앓지 말고, 어서 빨리 생명사랑약국 현판이 달린 인근 약국으로 달려 오라고 말한다. 어미를 잃고 굶주림과 추위에 떠는 아기 곰에게 가장 필요한 것은 따뜻한 우유 한 모금 건네는 것이다. 그것이 가장 훌륭한 염불이자 기도라고 말하면서 말이다.

데일리팜 노병철 기자

이 책을 읽으며 "사랑은 너무 멀어도 너무 가까워도 아픔이다"는 문장이 가슴에 다가오는군요. 무한정의 사랑만이 사람들의 관계에 꼭 도움만 되는 것이 아니라 어느 정도 거리를 두고 믿음 속에 정겨움이 있어야 한다는 저자의 의미에 절대 공감합니다.

제주일등약국 최재신

저자는 코로나19로 인한 대면 만남의 단절로 외로움과 소외감을 의학적이나 약리학적으로 분석한 것이 아니라 평범한 일상생활에 보여지는 심리 즉 본능과 이성/마음과 감정 등으로 그 원인을 파악하고 그 해결방법을 제시한 것이 아주 돋보였습니다.

최앤김치과의원 김대용

감사하며 잘했다는 격려와 축하로 책의 발간에 큰 용기를 준 대한약사회 김대업 회장님, 더불어민주당 정성호 의원님, 국민의 힘 김성원 의원님, 동두천시 최용덕 시장님과 자살예방 관련 업무협조로 도움을 주신 동두천시 이승찬 보건소장님, 동두천시자살예방센터 정혜선 부센터장님 그리고 책의 구성에 조언해주신 데일리팜 노병철 기자님께 감사의 마음 전합니다.

　특히, 동료약사로서 책의 본문 내용에 깊은 관심과 동감을 표현하며 힘찬 응원을 아끼지 않으신 대한약사회 김대업 회장님께 다시 한번 진심으로 감사드립니다.

경희대학교 약학대학을 졸업한 후 동두천시에서 약국을 개국한 지 30년이 지났습니다. 30년이란 시간은 아이들이 커서 결혼해서 자신들의 아이들을 데리고 오는, 그런 시간을 의미하기도 합니다.

하루하루 약국 생활을 하던 어느 날 칠봉산에 푹 빠져 365일 비가 오나 눈이 오나 매일같이 산을 다니다 보니(2005년부터니까 어느덧 17년째네요) 매일매일 변화하는 산의 오묘함을 혼자서 느끼기에는 아까워 2010년에는 시집 『산새야 산새야』를 발간하기도 했습니다.

또한, 한 지역에서 오랜 시간 약국을 운영하면서, 한 사람이 태어나서 성장하고 고령이 되는 과정을 지켜보다 보니, 질병에 걸리고 치료하는 것은 진료 후 처방약이 전부가 아니라 사랑의 힘이 매우 크다는 것을 확인하였습니다.

그리하여 사랑의 자물쇠에 빠지게 되었고 열호랑(열쇠+호랑이)과 자고미(자물쇠+곰)라는 3년에 걸쳐 만든 캐릭터로 인형과 열쇠고리를 만들어 힘들고 어려운 이들에게 희망의 증표로 나누어 주기도 했습니다.

이제 코로나19로 인해 대면 만남이 힘들어짐에 따라 사람들이 외로움과 소외감으로 힘들어하는 것이 안타까워 온라인生(onlinelife. co.kr)이라는 사이트를 만들어 온라인상에서라도 만남과 소통할 수 있도록 하였습니다.

더하여, 코로나19가 시간이 갈수록 더욱더 생활을 힘들게하여 우울증의 증가로 극단적 선택이 늘어나는 것이 안타까워 조금이라도 그들에게 희망과 용기를 주고자 『알 수 없는 내일로 오늘을 산다』라는 책을 발간하게 되었습니다.

내일을 부정적으로만 보기에 오늘 하루가 고통스럽지만, 정말 알 수 없는 것이 내일이기에 지푸라기보다 작은 희망이라도 갖고 오늘을 살다보면 좋아질 수 있다고 생각하기 때문입니다.

긴 세월 한 지역에서 약국 생활을 하며 약사회장으로서 봉사도 하고 있지만 더 중요한 것은 국민의 보건 향상과 건강 증진을 생각해야 하는 약사로서 일련의 과정이 작은 일이지만 꼭 해야 했다고 생각합니다.

항상 이 책을 접하는 모든 분의 아름다운 하루하루 속에 멋진 내일이 있기를 기원합니다.

"지난 2일, UNCTAD는 한국이 가입한 지 56년 만에 우리나라의 지위를 개발도상국에서 선진국 그룹으로 승격시켰다. 1964년 UNCTAD가 설립된 이래 개발도상국에서 선진국 그룹으로 이동한 국가는 한국이 최초다."

"우리나라의 자살률(OECD 표준인구 10만 명당)은 23.0명(2017년 기준)으로 OECD 회원국 중 가장 높고, OECD 평균 11.2명보다 2배 이상 높다."

두 가지 상반된 뉴스를 보면 필자도 가슴이 답답해지며 우울해질 수밖에 없다. "개발도상국에서 선진국 그룹으로 이동한 국가는 한국이 최초다"와 "우리나라 자살율이 OECD 회원국 중 가장 높다". 이런 혼란스런 수치는 우리들의 정신 건강에 나쁜 영향을 미칠 수밖에 없는 것이다.

왜 선진국으로 지위가 이동하는데 자살률 또한 높은 것일까? 여

러 가지 원인을 연구해야겠지만 이것은 필자의 몫이 아닌 학자들의 일이라 생각되며, 어차피 이렇게 높은 자살률을 낮추기 위해 대한민국 약사로서 해야 할 일은 무엇일까? 생각하지 않을 수 없었다.

그리하여 동두천시 자살예방센터와 동두천시 약사회는 자살 예방을 위해 공동의 노력을 하기위해 MOU를 체결하였다. 전체 약국에 "생명사랑약국" 현판을 붙였고 필자는 『알 수 없는 내일로 오늘을 산다』라는 소책자를 만들어 많은 이에게 전달하고자 한다.

또한 사랑의 자물쇠는 "생명의 근원인 열정과 평안한 지혜로 믿음의 등대되어, 우리들의 인연이 영원할 수 있도록 만남의 길잡이 되리라"라는 뜻을 담았다. 열호랑과 자고미의 캐릭터는 필자가 3년에 걸쳐 만든 것으로 우리들의 인연을 인위적으로 끊을 수 없다는 것을 의미한다.

아무쪼록, 글의 내용과 글체가 무뚝뚝하게 전개되고 짧더라도 현생의 인연을 다하고자 하는 이들의 마음을 배려한 것이기에 많은 양해를 구한다. 단 한 사람이라도 이 책을 읽고 살아나 다시 살아가며 '우리가 겪는 모든 일이 바로 인생'이란 내용을 탐구해주길 바란다.

어디선가 만나 본 듯
편안한 당신과 나, 나와 당신 그리고
사랑의 자물쇠 열호랑과 자고미

왜 이제야 만나게 되었나?
아쉬움과 안도감, 안도감과 아쉬움
우리 이제 서로 손 꼭 잡고 놓지 말아요

라는 '생명사랑약국' 현판 내용과 같이 필자와 독자가 손을 꼭 잡고 상호 간에 도움이 되기를 기원한다.

2021년 7월 13일

김의순

열호랑

사랑의 자물쇠 열호랑(열쇠+호랑이)은 본능에 충실하여 자유로운 영혼의 생활에 만족했지만 사회적 기본과 개념보다는 나만을 생각하는 이기적인 생활이 타인에게 피해를 주며, 그것이 사회의 일원으로서 나 자신에게도 도움이 되지 않는다는 것을 깨닫게 됩니다.

자고미

사랑의 자물쇠 자고미(자물쇠+곰)는 이성에 충실하여 사회가 요구하는 모든 것을 충족하기위해 본능을 억제하는 생활 속에 많은 것을 이루지만 인생의 변곡점에서 타인을 의식한 생활보다 자신의 삶도 소중하다는 것을 깨닫게 됩니다.

당신은
누구일까?

- 본능과 이성의 극단적 편향이 더 위험하다
- 인간의 근본은 외롭고 고된 것이다
- 사회적 생활의 필수는 기본과 겸손 그리고 사랑이다

본능과 이성의
극단적 편향이
더 위험하다

열호랑과 자고미가 태어났을 때 할 수 있는 것은 본능적인 의사 표현이 전부였다. 모든 생리현상을 본능적으로 해결해도 사랑을 받는 그 시절을 보내고, 중고등학생이 되어 열호랑과 자고미는 서로 다른 생활을 하게 된다.

열호랑은 사회적 요구에 관계없이 공부하고 싶으면 하고, 놀고 싶으면 놀고 누가 뭐라 해도 아랑곳없이 거의 본능에 가까운 생활을 하지만 자고미는 모든 욕망을 억누르며 이성적으로 판단하며 사회적 요구에 철저히 맞추며 생활하게 된다.

열호랑과 자고미는 성인이 된 후, 열호랑은 정해진 직업 없이 일이 있으면 하고 없으면 말고… 하루하루 연명하는 생활과 이미 사회의 엘리트 코스를 밟고 있는 자고미 둘 중 누가 더 행복하다고 말할 수 있을까?

아이러니하게 본능과 이성에 극단적으로 충실한 두 사람 모두 행복하지 않은 것으로 나타났다.

　본능에 충실한 열호랑은 본인은 행복하다고 생각하지만 사회적으로 인정을 받지 못하는 것이 큰 스트레스이고, 자고미는 사회적으로 인정을 받지만 자신만의 삶이 없는 것이 큰 불만이기 때문이다.

　사실, 인간의 근간은 본능과 이성의 적당한 갈등 속에 발전할 수 있는 것이기에 극단적인 본능과 이성 쪽의 편향은 사회적 관점에서 긴 시간을 보면 긍정적일 수 없다. 본능과 이성의 일정한 간극 속에 적당한 스트레스가 삶의 질을 높이는 것이다.

인간의 근본은
외롭고
고된 것이다

그러면 본능과 이성을 제어하여 적당한 스트레스로 삶의 질을 높이는 요소는 무엇일까? 그것은 마음과 감정이다. 즉 본능과 이성에 극단적으로 편향되어도 고통이 있고, 너무 가까이 있어도 고통이 있다면 인간은 근본적으로 외롭고 힘들다는 것을 진정한 마음으로 받아들여야 한다.

열호랑과 자고미가 본능과 이성의 극단적인 편향보다 적당한 간격으로 발전하기 위해서는 인간의 근본이 외롭고 고된 것을 인정해야 한다. 그때 비로소 기쁨, 화남, 슬픔, 즐거움의 감정이 무엇인지를 알게 되고 살며 살아가는 것이 무엇인지를 느끼게 되는 것이다.

즉, 인간의 희노애락 감정은 '인간은 외롭고 고된 것'이라는 마음의 근간 위에 느끼게 되는 것이며, 이것을 통해 감정 조절이란 것이 가능하게 된다. 그 감정 조절 속에 본능과 이성의 간격을 적당히 조절할 수 있다는 것을 뜻한다.

사회적 생활에
필수는
기본과 겸손
그리고 사랑이다

본능과 이성의 극단적 편향이 더 위험한 것과 인간의 근본은 외롭고 고된 것이라는 것을 이해해야 하는 것은 열호랑과 자고미가 성인이 된 후 사회의 구성원으로서 원만한 생활을 하기 위한 가장 기초적인 내용이다.

그들이 공부를 하는 것은 사회적 기본을 익혀 타인에게 피해가 되지 않으며 상호 간에 무난하게 생활하기 위해 사회적 통념이나 현실에 필요한 기본 법과 합리적 사고를 갖기 위해 필요한 것으로 성공을 위한 유일한 방법이 아니라는 것도 인식해야 한다.

더욱이 살아 가며 시간의 흐름을 역행할 수 있는 인간은 없기에 항상 겸손해야 하며, 열호랑과 자고미는 가족이라는 울타리에서 사랑을 배울 것이고 그것이 사회와 그 구성원에 대한 사랑으로 확장될 때 무탈한 생활이 될 것이다.

행복한 오늘,
기다려지는 내일

- 기본을 지킬 때 즐거운 생활이 있다
- 혼자서 할 수 있는 것은 아무것도 없다
- 사랑은 만사의 초석이다

기본을 지킬 때
즐거운
생활이 있다

만약 생활 중에 사회적 통념과 실정법을 어겨가며 타인에게 피해를 주면서 자신의 이익만을 추구할 때 그 이익이 영원히 자신에게 존재할 수 있다면 사회 속에서 행복할 수 있을까?라는 질문에 대부분은 당연히 "NO"라고 답할 것이다. 하지만 현실 속에서 그 상황이 닥치면 한 번쯤 고민하게 되는 것도 사실이다.

즉, 지금과 같이 코로나19 시대에 여러 가지 방법을 통해 백신을 규정에 어긋나게 맞을 수 있다면 또는 편법을 이용해 아파트를 분양받을 수 있다면… 하지만 자신만의 이익보다 보편타당한 기본을 지킬 때 그것이 가장 큰 이익이라는 것을 생각해야 된다.

혼자서
할 수 있는 것은
아무것도 없다

본능을 억제하고 이성에 극단적으로 편향하여 사회적 관점에서 성공했다고 자부하는 자고미가 항상 혼자의 노력으로 이루었다는 사실에 자만했지만 한 번의 실패로 돌아보니 혼자가 아닌 서로의 도움 속에 살아가는 것이 우리들이란 것을 깨우치듯.

무슨 일을 하든, 어떤 일을 하든 나만의 노력으로 모든 일을 하는 것이 아니라 서로가 의지하며 하나가 될 때 하루하루 인간다운 생활을 영위할 수 있다는 것을 느껴야 할 것이기에, 특히 시간에 대한 겸손은 꼭 필요한 것이다.

사랑은
만사의
초석이다

사랑이 없는 일은 사상누각에 불과하다는 것은 누구나 이해하는 대목이지만 왜 사랑으로 만사를 행할 수 없을까? 그것은 개인도 단체도 모두 마음 한구석에 과욕이 존재하기 때문이다. 특히, 이성 간의 협의된 사랑에서조차 과욕은 불신이 생기기에 항상 경계해야 할 것이다.

　하지만 어떠한 일을 하든 열정 속에 진심의 사랑이 가미된다면 하루하루의 생활은 즐거울 것이고 만사에 자신감과 추진력이 하루를 지배할 것이다. 너무도 당연한 표현이지만 매일매일 반복되는 일의 지루함으로 초심을 잃어서는 안 된다.

　우리가 본능과 이성에 극단적으로 편향되지 않고 인간은 외롭고 고된 것이라는 것을 인지하고 감정조절을 하여 기본과 겸손 그리고 사랑의 생활을 할 때 건강한 심신을 바탕으로 행복한 하루가 될 것이다. 내일 역시 그럴 것으로 믿기에 기다려지게 되는 것이다.

평범한 일상이
눈물나게 그리운 오늘

- 가정은 사회의 기본이다
- 시간에 대해 겸손하고 배려하라
- 사랑은 너무 멀어도 너무 가까워도 아픔이다

가정은
사회의
기본이다

매일 보는 가정은 항상 곁에 있고 공기와 같은 존재이다. 그러기에 소중함을 알고는 있지만 그 고마움을 마음으로 느끼고 표현하는 일은 참으로 드물다. 항상 가족의 기본을 지키기 위해 꼭 해야 할 것은 각자의 맡은 바 역할에 충실하는 것이다.

　가정에서 서로에게 주어진 역할은 부모자식 간에 다를 것이기에 각자 자신의 역할에 최선을 다할 때 가족 간의 기본이 지켜지는 것이다. 만약 항상 곁에 있는 것이 당연하다고 생각하여 그 감사함을 소홀히 한다면 그 믿었던 가정이 영원하지 않다는 것을 깨닫게 될 것이다.

시간에 대해
겸손하고
배려하라

시냇가의 오늘 흐르는 물이 어제와 같은 물이 아니듯이 우리들에게 주어진 시간 역시 그러하나 우리는 반복되는 일상에 지쳐 그 소중함을 간과하고 시간을 헛되이 버리고 있는 경우가 많다. 즉, 자신들에게 주어진 시간이 무한한 것으로 착각을 하며 시간에 오만한 것이다.

하지만 지나간 시간을 다시 돌리지 못하듯이 시간에 대해 겸손과 배려를 하지 않는다면 그 언젠가는 후회할 것이 분명할 것이다. 이마저도 이해하지 못하고 주어진 시간을 물쓰듯이 흘려 보내다가 공부할 때, 돈을 벌 때 등등 정해진 시간대에 그 역할을 다하지 못하면 무척 곤란해진다.

사랑은
너무 멀어도
너무 가까워도
아픔이다

이성 간의 사랑이나 가족 간의 사랑 그리고 사회 구성원 사이의 사랑이 지나치면 집착이 되고 그것은 오래갈 수가 없는 것이다. 진정한 사랑은 한 걸음 뒤에서 바라볼 수도 있는 마음의 여유가 있어야 한다.

영원히 함께할 수 있는 사랑을 상대에게 원하기보다 세월이 흘러감에 커가는 정다움도 사랑이라는 것을 이해하지 못한다면 서로의 무관심으로 되어 심신의 피곤함으로 결국 질병에 이르게 되고 그 사랑은 회복될 수 없을 것이다.

결국 가장 당연하고 평범하다고 생각되는 것도 기본과 겸손 그리고 사랑의 잘못된 이해로 마음을 다스리지 못한다면 어느 날 평범한 것이 너무도 아름다운 시간이었다는 것을 느끼게 되는 인생의 고통을 겪게 되는 것이다.

외로운 당신이
혼자라고 생각될 때

자, 이제 "외로운 당신이 혼자라고 생각될 때"라는
문장이 모든 사람에게 공통으로 적용될 수 있다는
것을 이해한다면 당신의 실생활에 엄청난 변화가
올 것이다. 세상이 갑자기 달라보이며 나도 열심히
살아볼 만하다는 것을 느끼게 될 것이다

열호랑과 자고미가 태어나 본능적인 생활에서 이성적인 생활이 존재한다는 것을 느꼈을 때 마음의 혼란으로 하는 행동을 사춘기라 부르지만 모든 생애주기(유아기, 아동기, 사춘기, 청년기, 장년기, 노년기)마다 해야 할 일이 있는 것이다.

하지만 우리가 만들어 놓은 생애주기는 본능과 이성 그리고 감정 조절 등에 따라 빠를 수도 있고 늦을 수도 있기에 일정 시기를 두고 정할 것이 아니라 각자 처한 상황에 따라 대처해야 한다.

45억 년의 지구 역사에 100년이라는 시간은 너무 짧기도 하고 보잘것없기도 하지만 정작 본인 자신에게는 너무도 소중한 시간이기 때문에 인생을 살아가야 하는 우리들의 생활을 일률적으로 정의하여 일정 기준을 정할 수는 없는 것이다.

그래도 사회생활에 있어 기본과 겸손 그리고 사랑의 생활을 본능과 이성 그리고 감정 조절로 슬기롭게 이끌어 간다면 삶은 생각보다 평안하고 행복할 수 있다는 것을 알 수 있을 것이며, 그중 인간은 근본적으로 외롭고 고된 것이라는 명제를 이해한다면 더욱더 그럴 것이다.

그러면 왜 우리는 근본적으로 외롭고 고된 것이라고 이해하고 인정하지 않을까? 그것은 바로 타인과 비교하기 때문인 것이다. 나만 생활의 고통을 받고, 나만 가난하고, 남들은 모두 나보다 잘났다는 비교의식이 현재 생활 고통의 시작인 것이다.

그러나 사철수도 봄, 여름, 가을, 겨울의 색깔을 매일 비교해보면 확연히 다르듯이 지구상의 78억 명의 인구 중에 어느 누구도 나와 달리 어려움이 전혀 없는 인간의 존재는 불가능한 것이다. 더욱이 우리가 아는 "사람은 나면 언젠가 죽는다"라는 명제를 피할 인간은 없는 것이다.

"사람은 나면 언젠가 죽는다"라는 명제로 오늘 슬퍼하거나 힘들어 하는 사람은 없다. 왜? 모든 사람에게 공통이니까. 그러나 오늘의 어려움을 나만의 고통으로 힘들어하는 사람은 많다. 결코 그렇

지 않다. 누구나 힘든 부분은 존재하며 그것으로 고통스러워 한다.

그러기에 현실 생활을 비교 속에 자괴감으로 생활할 이유는 없는 것이다. 내가 이런 쪽의 어려움으로 힘들다면, 타인은 저런 쪽의 어려움으로 힘들다는 것을 이해한다면 생활이 꼭 고통스러운 것만은 아닌 것이다.

자, 이제 "외로운 당신이 혼자라고 생각될 때"라는 문장이 모든 인간에게 공통으로 적용될 수 있다는 것을 이해한다면 당신의 실생활에 엄청난 변화가 올 것이다. 세상이 갑자기 달라보이며 나도 열심히 살아볼 만하다는 것을 느끼게 될 것이다.

우리 서로
손 꼭 잡고

즉, 육체의 자유로움을 선택해도 영혼은 남아 있기에 남아 있는 자신을 알고 있는 모든 이에게 아픔을 주는 것은 어찌할 것인가?
육체는 유기체의 일부지만 영혼은 다른 것이다. 자신의 죽음으로 타인에 남아 있는 자신의 영혼까지 없어질 수는 없다.

아무리 심정적으로 이해를 해도 현실 생활에서의 고통이 나만의 것이라는 굴레를 벗어나기는 쉽지 않은 것이 사실이다. 그러면 그것을 극복하고 이해하여 이겨 나갈 수 있는 구체적인 방법은 무엇이 있을까?

물론 모든 사람의 고통을 정량화하여 수치로 표현하여 그것에 대한 해결방법 또한 숫자로 나열하기는 힘들다. 그래도 인간의 고통은 어느 정도 범위 내에 있다는 공통점이 있기에 몇 가지 경우의 수로 정리할 수는 있다.

즉, 진로문제, 금전문제, 이성문제, 가족문제, 질병문제 등 크게 5가지 범위를 놓고 보면 거의 모든 것이 포함될 것으로 판단된다. 물론 군대는 진로문제로, 사업 또는 주식투자 실패 등은 금전문제에 포함된다고 생각하면 된다.

이런 모든 문제점을 보면 공통점이 있다. 모두가 개인이 해결하려 하기에 이미 한계를 벗어나 도저히 해결방법을 찾을 수 없고, 오로

지 죽음으로만 해결될 수 있다는 강박감에 빠져 든다는 것이다.

그러나 조금 뒤로 물러나서 바라보면 꼭 죽음만이 절대적 해결책이 아니라는 것을 느끼게 될 것이다. 그것은 사람은 혼자만이 아니라 사회라는 큰 조직의 구성원이며 내가 크다고 느끼는 것을 타인은 작게 느끼는 부분이 있기 때문이다.

즉, 사람은 모두가 상이하고 느끼는 감정도, 해결하는 방법이 다르기에 자신이 모르는 길을 제시할 수 있기 때문이다. 그러기에 죽음만이 해결방법이라는 생각이 드는 순간 그 문제를 아무리 힘들어도 공개해야 한다.

그것은 자신이 생각하지도 못한 길을 그 누군가가 제시할 수 있고 죽음보다는 삶이 더 가치가 있기 때문이다. 그것이 우리가 사회구성원으로서 살만한 가치가 있는 것이고 자신이 살면 그 후 똑같은 상황의 타인도 구제할 수 있는 경우가 생길 수 있는 이유인 것이다.

그러나 말이 쉽지 죽음을 생각할 정도의 자신의 치부를 공개하는 것은 결코 쉬운 것이 아니기에 망설임에 하루하루 고통 속을 살아가는 것이 현실이다. 그래도 죽음은 육체만의 해방이지 영혼까지의 자유를 의미하는 것이 아니기에 죽음을 생각할 정도의 고통은 공개되어야 한다.

그것을 공개하는 순간 가족과 지인들의 경악과 탄식이 나올 수 있다. 절대 자신의 치부를 공개할 수 없는 이유이기도 하다. 하지만 놀라는 것은 순간이지만 해결책이 나올 확률은 무척 높아진다. 만약 가슴 속에 품고 스스로 죽음을 선택한다면 그들을 두 번 고통스럽게 하는 것이다.

그 하나는 당사자의 죽음이요, 나머지 하나는 자신이 죽어도 그 뒷일은 남은 사람들의 몫이라는 것.

즉, 자신이 육체의 자유로움을 선택해도 영혼은 남아있기에, 자신을 알던 모든 이에게 고통을 주는 것은 어찌할 것인가? 육체는 유기체의 일부지만 영혼은 다른 것이다. 자신의 죽음으로 타인에게 남아 있는 자신의 영혼까지 없어질 수는 없다.

또한, 한 가지만 생각해보자. 우리가 오늘이 고통스러운 것은 내일의 희망이 없다고 예상하고 있기 때문이다. 그러나 이 세상의 사람 중 내일을 아는 이가 누가 있을까? 단 한 사람도 내일을 확률로서 예측할 뿐 실제 일어날 일을 알 수는 없는 것이다.

그것이 우리가 알 수 없는 내일 때문에 오늘이 힘들어도 살아가야 하는 이유인 것이다. 오늘 이 순간 부자도 가난한 자도, 행복한 자도 불행한 자도 만인에게 공평한 것은 내일을 알 수 없다는 것이다. 정말 알 수 없는 내일이기에 우리는 오늘 살아야 한다. 그것이 어쩔 수 없는 우리들의 인연인 것이다.

그러기에 우리가 인연의 소중함을 이해한다면 스스로 죽음을 선택할 이유도 명분도 없는 것이다. 사랑의 자물쇠 열호랑과 자고미도 영원히 변하지 않는 만남의 의미로서 탄생된 것이기에 이 글을

읽는 모든 이와의 인연은 항상 변하지 않을 것이라 굳게 믿는다.

그래도 '어차피 100년도 못 사는 인생, 지금 죽으나 30년 후나 50년 후나 무슨 차이가 있을까?' 생각하며 꼭 스스로 현생과의 인연을 끊고 싶다면 거꾸로 생각해보자. 이러나 저러나 어차피 30년이나 50년 뒤면 자연적으로 끊어질 인연, 왜 힘들게 스스로 앞서가야 하나?

덤으로 사는
사람들의 이야기

이 책을 읽고 변화된 삶으로 타인에게 희망과 부활의 생활을 할 수 있도록 당신의 경험담을 자유롭게 써내려가는 공간입니다.
형식에 관계없이 느낌을 생각날 때마다 쓰게 된다면 어느 날 비슷한 상황의 타인에게 큰 도움이 될 것입니다.